LA CULTURE

DES

CORDONS HORIZONTAUX

PAR

F.-Ch. FONTANEAU

ARBORICULTEUR

ARCHITECTE-PAYSAGISTE

Auteur du tracé des jardins de la XIIIe Exposition de Bordeaux en 1895
Membre du Jury

(Plans, Devis, Tracés et Plantations de Parcs et Jardins)

Diplôme d'honneur; Vingt médailles: Or, Vermeil, Argent et Bronze.

Prix : 60 centimes

BORDEAUX

G. GOUNOUILHOU, IMPRIMEUR-ÉDITEUR

11, rue Guiraude, 11

1896

LA CULTURE
DES
CORDONS HORIZONTAUX

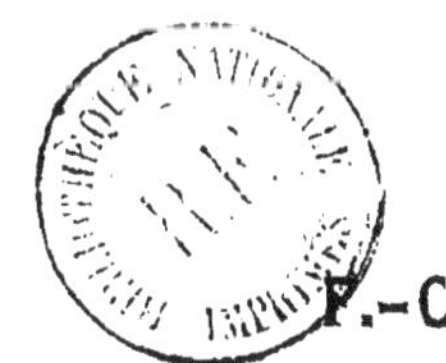

PAR

F.-Ch. FONTANEAU

ARBORICULTEUR
ARCHITECTE-PAYSAGISTE

Auteur du tracé des jardins de la XIIIe Exposition de Bordeaux en 1895
Membre du Jury

(Plans, Devis, Tracés et Plantations de Parcs et Jardins)

Diplôme d'honneur; Vingt médailles: Or, Vermeil, Argent et Bronze.

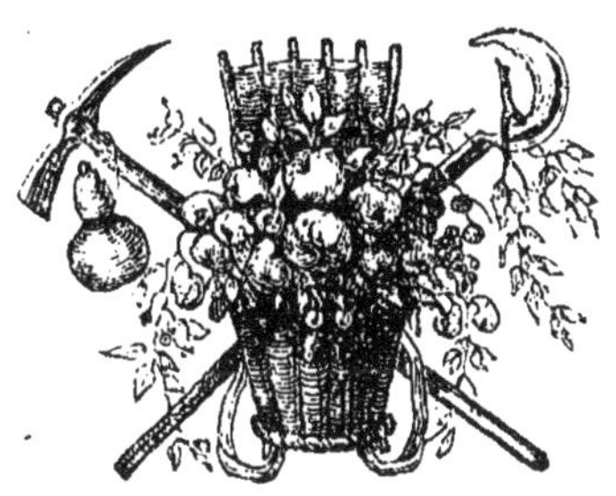

BORDEAUX
G. GOUNOUILHOU, IMPRIMEUR-ÉDITEUR
11, rue Guiraude, 11

1896

LA CULTURE

DES

CORDONS HORIZONTAUX

Le genre de culture généralement adopté dans les jardins pour le pommier, il y a une vingtaine d'années, était le cordon horizontal, qui avait l'avantage de joindre à une culture facile un produit considérable sur un espace relativement restreint.

Mais si quelques espèces se prêtaient à la fructification, beaucoup d'autres, et c'est le plus grand nombre, ne donnaient que d'énormes bois gourmands que ni la taille ni les pincements réitérés ne pouvaient amener à la production.

Aussi, bon nombre de propriétaires, que ce genre de culture avait tout d'abord séduits, se sont découragés par la suite, en voyant leurs arbres fournir beaucoup de bois, peu ou pas de fruits, et les ont laissés sans soin ou les ont fait arracher. Il est vraiment fâcheux que leur inexpérience, ou celle de leur jardinier, les ait obligés à renoncer à ce genre de plantation.

S'ils avaient connu la méthode que je préconise et qui est applicable à la culture des arbres en cordon horizontal, ils auraient pu constater qu'elle quintuplait le rendement au lieu de le diminuer.

En effet, on ne peut planter les pommiers à haute tige que greffés sur franc et très espacés, ce qui en restreint beaucoup le nombre. Ils sont, en outre, beaucoup plus exposés aux rigueurs climatériques, les vents salés dans le sud-ouest par exemple, qui détruisent la fleur avant sa fécondation et compromettent ainsi la majeure partie de la récolte. De plus, cette plantation en plein vent demande de vastes terrains dont beaucoup de propriétaires ne disposent pas, en même temps que les arbres ainsi cultivés ne produisent guère qu'au bout d'une dizaine d'années.

Il n'en est pas de même des arbres en cordon qui, placés à quelques centimètres seulement au-dessus du sol, sont moins exposés aux intempéries, et qui, greffés sur des sujets moins vigoureux, donnent, pour la plupart, des fruits dès les premières années de plantation.

Je sais, néanmoins, que beaucoup de propriétaires prétendent, au contraire, qu'ils n'ont obtenu ainsi que de nombreux rameaux à bois gourmands qu'aucun genre de taille n'a pu modifier, et que c'est d'ailleurs ce qui les a fait renoncer complètement à une culture qui ne leur occasionnait que des dépenses.

Loin de partager cette manière de voir des mécontents et des découragés, je leur conseille de conserver les quelques pommiers que la pioche a épargnés et les engage même fortement à en faire planter le plus possible, car ces petits arbrisseaux, que l'on a tant calomniés, pourront, un jour, donner pleine et entière satisfaction à tous ceux qui voudront bien mettre en pratique la méthode que j'ai expérimentée moi-même pendant plusieurs années, avec des résultats pouvant contenter les plus difficiles.

Mais avant d'indiquer cette méthode dont la simplicité est à la portée de tous, je crois qu'il m'est indispensable de donner, en peu de lignes, quelques conseils sur la préparation du sol, sur le choix des sujets, sur l'installation des supports et sur la plantation. Les praticiens n'y trouveront rien que leur expérience ne leur ait déjà appris; mais les propriétaires-amateurs et les jeunes gens qui s'adonnent à l'arboriculture pourront y apprendre, en ce qui concerne ces préparatifs, différentes manières d'opérer qui leur seront de la plus grande utilité.

PRÉPARATION DU SOL
INSTALLATION DES SUPPORTS
PLANTATION

Il en est des arbres fruitiers comme de la vigne et des plantes ligneuses destinées à la culture en pleine terre : le défoncement général où l'on veut planter devient absolument nécessaire si l'on tient à obtenir une végétation luxuriante, uniforme, et des fruits bien nourris.

La plantation en cordon se faisant généralement comme bordure d'allées de potager ou de verger, il est bon de faire défoncer, de préférence en automne, une bande de terrain de 1 mètre de largeur sur 60 centimètres de profondeur. Le défoncement du sol, fait ainsi de bonne heure, permettra à la terre du fond, amenée à la surface avec la pioche, de s'aérer et de s'améliorer sous l'action des fluides atmosphériques. Néanmoins, avant ce défoncement, le sol aura dû être amendé. On prendra pour cela du bon fumier de ferme bien consommé, ou, à défaut de ce dernier, de la terre franche, de la terre de fossé mélangée d'avance avec du fumier. On en couvrira la surface à défoncer, en ayant soin de la répartir le plus également possible. Ce genre de fumure est de beaucoup préférable à celui que quelques praticiens mettent encore en usage et qui consiste à enfouir du fumier dans les trous lors de la plantation des arbres, usage pernicieux s'il en fut, car le fumier mis directement en contact avec le végétal peut lui être funeste. En effet, son remaniement et son entassement autour de l'arbre portent souvent le fumier à un tel degré de fermentation qu'il empêche le développement des spongioles, altère les racines, ce qui amène promptement la mort des sujets.

Ce procédé vicieux, mis en pratique, fait non seulement accuser le pépiniériste auquel on a acheté les arbres d'avoir fourni de mauvaise marchandise, mais encore le remplacement des sujets morts s'imposant cause aux propriétaires de nouveaux frais, de même qu'une perte de temps qui n'est pas à négliger.

La préparation du sol une fois faite de la façon que j'ai indiquée plus haut, on laissera s'écouler quelques jours, puis on examinera s'il ne s'est pas produit d'excavation sur la surface défoncée. Dans ce cas, il sera nécessaire de faire un nivellement rationnel pour que les piquets qui supportent le fil de fer puissent être placés à la même hauteur et que la plantation soit faite avec toute la régularité désirable.

Le terrain nivelé, on tendra un cordeau à 40 centimètres de l'allée et sur toute la longueur. Puis, on prendra des petits piquets en bois d'acacia, de châtaignier ou de pin injecté, d'une longueur de 90 centimètres, que l'on appointera à l'une des extrémités. Ces piquets, ainsi préparés, seront placés sur la ligne du cordeau, enfoncés tous à la même profondeur, c'est-à-dire ne dépassant le niveau du sol que de 40 centimètres. On tendra ensuite sur leurs extrémités un fil de fer galvanisé n° 16, que l'on maintiendra au moyen de petits conduits.

Ce travail achevé, il ne reste plus qu'à faire la plantation.

Avant d'indiquer la manière d'opérer pour ce dernier travail, quelques conseils sur le choix des sujets me paraissent indispensables.

Du Pommier.

Le pommier, arbre très rustique, croît dans presque tous les sols, quoiqu'il préfère cependant les terrains frais, argilo-calcaires ou argilo-siliceux.

Le pommier se greffe sur franc pour ceux destinés aux vergers, sur doucin pour ceux destinés à être taillés en pyramides ou à remplacer les pommiers nains dans les mauvaises terres, et, enfin, sur paradis pour ceux destinés à être taillés en buissons, en gobelets, ou cultivés sur cordon horizontal. Cette dernière espèce fructifie presque immédiatement si les arbres sont bien conduits, et fournit une quantité relativement grande d'excellents fruits.

Ainsi donc, pour le cordon horizontal, il ne faudra choisir que des arbres greffés sur doucin pour les terrains arides, et sur paradis pour tous les autres.

Le pommier n'est pas le seul arbre que l'on puisse cultiver en cordon horizontal, le poirier lui aussi s'y prête admirablement, mais croît moins facilement dans les différents terrains.

Dans les terres calcaires, pierreuses, il convient de planter le poirier greffé sur franc, réservant celui greffé sur cognassier pour les terres profondes et de bonne qualité. Le poirier sur franc pousse vigoureusement, mais ne fructifie guère avant cinq ou six ans, tandis que celui greffé sur cognassier fructifie le plus souvent dès la deuxième année de plantation.

Pour que la plantation se fasse rapidement et que le travail soit bien fait, il est nécessaire d'y occuper au moins deux ouvriers : l'un, pour maintenir l'arbre, l'assujettir contre le support, et établir les racines dans toutes les directions; l'autre, pour couvrir, à l'aide d'une pelle et avec de la terre meuble les racines du sujet. Enfin, pour que la terre se trouve en contact avec les racines, il sera bon de la tasser avec le pied avant d'achever de combler le trou, afin d'éviter que l'air pénètre jusqu'aux racines.

DE LA FORMATION DES ARBRES

Quelques praticiens prétendent qu'il vaut mieux attendre la deuxième année de plantation pour recourber les arbres sur le cordon horizontal, parce que, disent-ils, en leur faisant subir cette opération dès la première année, un arrêt de sève se produit au sommet de la partie verticale et y fait développer beaucoup de bois gourmands, au détriment de la partie horizontale.

On s'exposerait encore à d'autres inconvénients, car laissés dans la position verticale pendant deux ans, les sujets prennent un tel développement que, malgré toutes les précautions prises dans le recourbement, beaucoup se cassent. En outre, l'arbuste offrant moins d'élasticité, il peut arriver que les courbes obtenues soient inégales, ce qui nuit à l'uniformité qu'exige ce genre de culture.

Je suis d'un avis contraire.

Et puisque je viens de montrer à mes lecteurs les inconvénients auxquels ils s'exposeraient en attendant la deuxième année pour recourber leurs arbres, je dois également leur faire connaître les avantages d'un procédé que j'ai toujours mis en pratique avec succès, et qui n'occasionne pas un excédent de dépenses bien sensible.

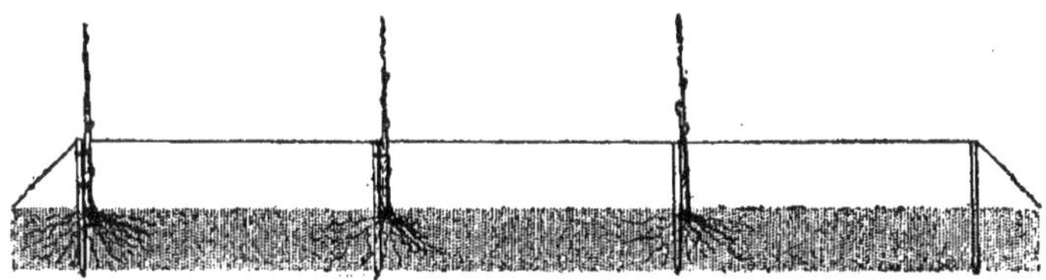

FIGURES 1 et 2.

La plantation achevée *(fig. 1)*, on pourra, si le temps est doux, procéder immédiatement à la courbure des arbres. On fixera avec un lien en osier, contre le support *(fig. 2)*, la partie qui doit rester verticale, puis on couchera l'autre partie sur le fil de fer *(fig. 3)*.

FIGURE 3.

Cette opération terminée, et pour que la sève puisse circuler plus facilement dans toute la longueur du végétal, on en redressera l'extrémité par un angle

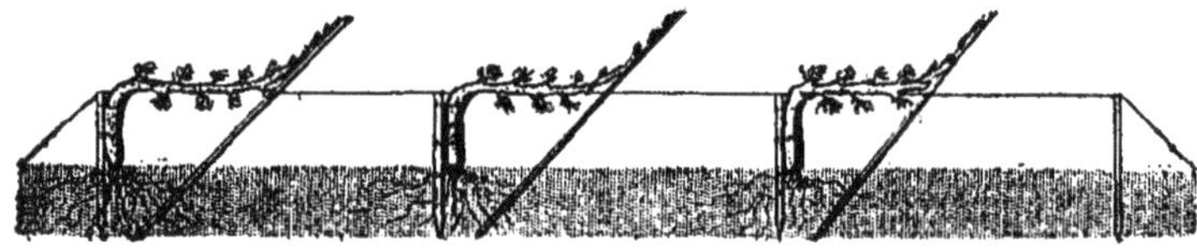

FIGURE 4.

de 45°, à l'aide d'un petit tuteur fixé dans le sol et attaché au fil de fer *(fig. 4)*.

Cette forme n'est pas définitive; il sera nécessaire de la modifier plus tard, lorsque les arbres seront développés. Toutefois, cette modification ne devra se faire que progressivement, à cause de l'inégalité de la

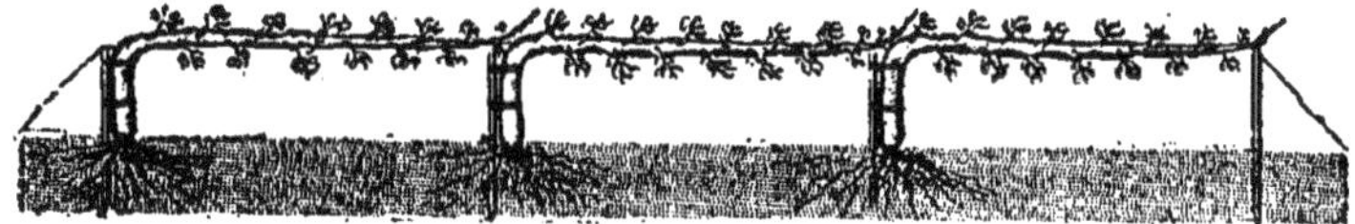

FIGURE 5.

végétation, suivant les espèces. Il faudra donc s'appliquer à ne coucher totalement les arbres que lorsque chacun d'eux commencera à dépasser la partie verticale de celui qui vient après *(fig. 5)*.

Cette dernière forme est celle généralement adoptée par les praticiens, mais c'est celle aussi qui présente le plus d'inconvénients.

En effet, les arbres cultivés de cette façon n'ont pas assez d'envergure, et la sève, retenue dans des limites trop étroites, fait développer les boutons en branches touffues, que les tailles réitérées transforment bien vite en énormes têtes de saule qu'on est obligé de supprimer plus tard d'un trait de scie, ce qui, tout en occasionnant une quantité de plaies se cicatrisant difficilement, expose les arbres à la carie et les fait quelquefois mourir avant qu'ils aient pu produire le moindre fruit.

Pour éviter cela, il est indispensable de donner à la plante, à quelque chose près bien entendu, autant de développement dans la partie qui se trouve exposée à l'air qu'elle possède de ramifications souterraines, car c'est précisément le manque d'équilibre entre ces deux tronçons qui oblige la sève à occasionner des désordres. Pour que la sève soit constamment refoulée vers les racines, il faut qu'elle puisse trouver assez de parcours dans le corps du sujet pour s'y équilibrer.

Pour atteindre ce résultat, il suffira de mettre en pratique la méthode que j'ai expérimentée pour la première fois en 1867 dans le département de la Côte-d'Or, pays privilégié pour la culture des arbres nains. Les formes en quenouille, en pyramide, en buisson, en cordon, y sont très répandues; mais, à cette époque du moins, le cordon était traité avec les procédés dont j'ai parlé plus haut.

Quelques arboriculteurs avaient bien essayé par-ci par-là de pratiquer quelques torsions, mais cela sans succès, ce qui décida quelques propriétaires à me confier la direction de leurs arbres.

Je commençai par opérer sur des arbres de dix ans, en procédant de la façon suivante : au lieu de rabattre toutes les branches, j'en laissais subsister une des plus vigoureuses tous les 75 centimètres, que je redressais verticalement à l'aide d'un tuteur enfoncé dans le

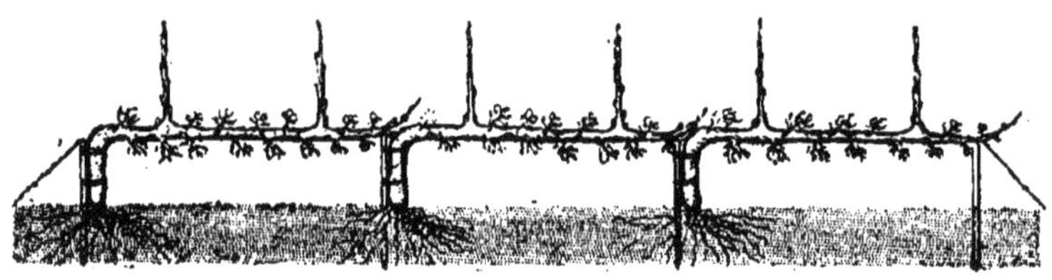

Figure 6.

sol et fixé au cordon *(fig. 6)*. Je la laissai se développer pendant tout le cours de la végétation, en ayant soin de pincer tous les bourgeons de la partie horizontale.

Cette forme n'avait tout d'abord rien de séduisant, mais elle avait l'avantage d'établir un courant de sève qui, appauvrissant les boutons et brindilles de la partie latérale, en atténua sensiblement la mise à fruit.

Ce premier essai, quoique incomplet, me parut trop concluant pour que je ne continuasse pas l'année suivante. L'époque de la taille venue, je repris les mêmes sujets avec l'idée, cette fois, de leur faire subir une transformation.

Je n'ai pas l'intention de faire ici un traité complet de la taille des arbres; je me contenterai simplement de décrire celle qui nous intéresse en ce moment. Je prierai mes lecteurs de se reporter à la figure 6; ils y retrouveront les arbres traités l'année précédente, au point où je les avais laissés, c'est-à-dire avec leurs branches verticales ou tire-sève.

Je repris donc ces sujets, et je les taillai en leur laissant autant de brindilles que la force de l'arbre pouvait me le permettre. Puis je taillai les tire-sève à

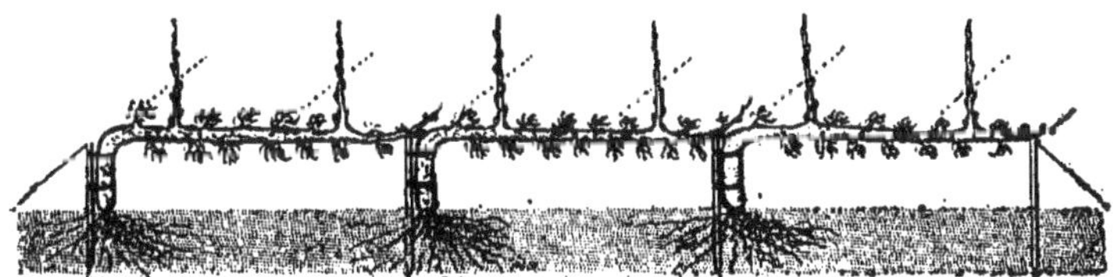

FIGURE 7.

une hauteur de 40 centimètres *(fig. 7)*, de manière à favoriser le développement des bourgeons latéraux que je graduai pendant l'été par des suppressions et des pincements, de façon à obtenir des petites pyra-

FIGURE 8.

mides *(fig. 8)*, qu'il serait toujours facile d'augmenter ou de diminuer selon la vigueur de l'arbre.

Cette tentative me servit à souhait : les espèces les plus rebelles ne tardèrent pas à produire, et les petites pyramides, surtout celles des poiriers, préparèrent leur mise à fruit. Au rendement inespéré que j'obtins vint s'ajouter l'aspect agréable produit par l'ensemble de cette jolie forme.

La forme que je viens de décrire n'est pas la seule applicable aux arbres cultivés en cordon horizontal. Une note, insérée dans le Bulletin de la Société centrale d'horticulture de Genève, et signée de M. Ch. Joly, vice-président de la Société centrale d'horticulture de France, décrivait le procédé imaginé par M. F. Chappelier, 268, avenue Dumesnil, à Paris. Ce dernier plantait à $1^{m}50$ de distance, puis choisissait, tous les

FIGURE 9.

75 centimètres *(fig. 9)*, une couronne vigoureuse qu'il soumettait à une légère torsion, laquelle se continuait sur des tuteurs en spirale dont les pieds étaient fixés dans le sol.

Grâce à cette méthode, on triple le développement de l'arbre et on obtient d'excellentes branches fruitières; au besoin, la branche terminale peut se greffer sur l'arbre suivant. L'espace de 75 centimètres existant entre les spirales permet un passage facile pour le soin des espaliers.

Enfin, lors de la floraison, on peut abriter la récolte à peu de frais en plaçant sur le sommet des spirales, qui deviennent ainsi des porte-abris, quelques lattes légères pour supporter des paillassons ou des toiles.

« J'engage les praticiens, disait M. Joly, à essayer de ce procédé aussi simple qu'ingénieux. » Cette méthode me parut, en effet, si concluante que, l'époque de la taille des arbres venue, je m'empressai de la mettre à exécution. J'opérai sur des sujets déjà vieux en plantation, et le résultat ne se fit pas longtemps attendre. Dès les années suivantes, les bois gourmands, dressés en spirales, se couvrirent de lambourdes, tandis que la partie horizontale, appauvrie par la déviation de la sève, opéra sa transformation de porte-gourmands en branches fruitières; la production fut abondante, et la taille en tête de saule, pratiquée précédemment, disparut bien vite, à la grande satisfaction des propriétaires.

En terminant, il ne me reste plus qu'à donner à mes lecteurs une petite nomenclature des espèces à cultiver, qui leur sera, je crois, d'une grande utilité. J'indiquerai également l'époque de la cueillette.

Pommiers greffés sur paradis

VARIÉTÉS A CULTIVER

Amélie, première qualité, gros. Janvier, avril.

Api, première qualité, petit. Janvier, mai. Jaune, doré de cramoisi; tous les apis sont très recherchés, à cause de leur brillant coloris.

Baldewin, première qualité, gros. Novembre, mars. Jaune et rouge, strié orange et cramoisi. Excellente variété, très estimée en Amérique.

Barbarie, première qualité, gros. Janvier, mai. Très beau et très bon fruit.

Beauté de Kent, première qualité, gros. Novembre, février.

Beauty of Hants, première qualité, fruit superbe, conique, rouge foncé.

Bidforshire Soundling, première qualité, gros. Décembre, mars. Fruit exquis.

Belle Agathe, première qualité, très gros. Décembre, février.

Belle d'Avril, première qualité, très gros. Décembre, avril.

Belle de Cholet, première qualité, gros. Fin d'automne.

Belle des Buis, première qualité, moyen. Février, mars. Arbre très fertile et très estimé dans la Vienne.

Belle-fleur, première qualité, gros. Septembre, février.

Belle-jaune, première qualité, gros, d'un beau jaune, citron clair, à chair jaune, fine, tendre et sucrée, très fertile. Commencement d'hiver.

Belle-mousseuse, première qualité, moyen, jaune terne, strié de rouge sombre, arbre vigoureux. Septembre, octobre.

Blanc d'Espagne, première qualité, moyen. Janvier, mai. Fruit superbe et excellent.

Blanche de Bournay, première qualité, gros. Janvier, avril.

Bonne Hotture, première qualité, gros. Novembre, février. Espèce très répandue en Anjou.

Calville Baudin, première qualité, gros, vigoureux et fertile. Octobre, décembre.

Calville blanc d'Hiver, première qualité, gros. Décembre, mai. Superbe et excellente variété.

Calville d'Angleterre, première qualité, gros. Novembre, février.

Calville d'Été. Juillet, août. Recherché pour sa précocité.

Calville rose, première qualité, moyen. Février.

Calville rouge d'Hiver, première qualité, gros. Novembre, avril. Rouge pâle et carmin foncé.

Carmin de Juin, première qualité, moyen. Juillet. Vermillon précoce.

Citron d'Hiver, Calville du Roi, première qualité, gros. Novembre, mars.

Clochard, estimé en Vendée, fruit moyen de première qualité, de longue garde, très fertile.

Court pendu gris, première qualité, moyen. Novembre, avril.

Court pendu rouge, première qualité, moyen. Novembre, mars. Avantageux, à cause de sa grande fertilité.

Cousinotte rouge d'Hiver, première qualité. Décembre, mars. Excellente, cuite ou crue.

De Châtaignier, deuxième qualité, gros. Décembre, avril. Jolie forme, jaune verdâtre et rouge. Fruit de première qualité pour compote.

De Jaune, première qualité, assez gros. Novembre, mai. Chair fine, cassante et juteuse; arbre très fertile. Variété estimée dans la Sarthe.

De Lestre, première qualité, moyen. Décembre, mai; parfois se conserve jusqu'en juin. Variété très estimée dans les environs de Limoges.

De Londres, première qualité, gros. Décembre, mars. Belle et bonne variété.

Haute-Bonté, première qualité, moyen. Janvier, mai.

D'Ile, première qualité, moyen. Février, mai; souvent se conserve plus longtemps.

Doux d'Argent, première qualité, moyen. Octobre, février. Excellente variété, très estimée dans les environs de Saumur.

Eiser rouge, première qualité, moyen. Février, août; se conserve souvent plus d'une année.

Fenouillet anisé, première qualité, moyen. Décembre, avril. Chair tendre, relevée d'une saveur d'anis. Tous les fenouillets sont généralement de bonne qualité.

Flammèche, première qualité, gros. Commencement août.

Grand-Alexandre, première qualité, très gros. Septembre, octobre. Très beau fruit.

Guiroutonne, fruit petit, rouge rayé; estimé dans la Gironde à cause de sa longue conservation.

Impériale, première qualité, moyen. Décembre, mars. Très estimée en Anjou.

Jacques-Lebel, première qualité, très gros. Septembre. décembre. Chair tendre et acidulée; arbre vigoureux et fertile.

Jacquin, première qualité, assez gros. Chair ferme et cassante; se conservant facilement pendant deux ans.

Ménagère, deuxième qualité, gros. Décembre, mars. Une des plus grosses pommes connues, excellente à cuire.

Monstrueuse de Bergerac, première qualité, gros. Septembre, octobre.

Pigeonnet blanc d'Hiver, première qualité, petit. Décembre, mars. Museau de lièvre.

Rambourg d'Été, première qualité, très gros. Septembre, octobre. A cuire.

Rambourg d'Hiver, très gros. Décembre, mars. A cuire. Fruit jaune et rouge cerise, ponctué de gris blanc et maculé de roux.

Reine des Reinettes, première qualité, assez gros. Décembre, mars. Chair jaunâtre, ferme, cassante.

Reinette d'Angleterre, première qualité, très gros. Décembre, mars. Superbe et excellente, très estimée.

Reinette d'Espagne, première qualité, très gros. Octobre, mars. Fruit jaune blanchâtre.

Reinette de Bretagne, première qualité, moyen. Nov., février.

Reinette de Caux, première qualité, gros. Octobre, avril. Chair fine, ferme et cassante.

Reinette de Champagne, grise, première qualité, moyen. Novembre, février.

Reinette de Cuzy, première qualité, gros. Janvier, mars.

Reinette dorée, première qualité, moyen. Décembre, avril. Chair jaunâtre, fine et parfumée.

Reinette du Canada, première qualité, très gros. Janvier, mars. Une des meilleures variétés.

Reinette franche, première qualité, assez gros. Décembre, mai. Précieuse et très estimée.

Reinette grise, première qualité, moyen. Janvier, avril. Excellente variété.

Reinette grise du Portugal, première qualité, gros. Novembre, mai.

Reinette grise du Canada, première qualité, très gros. Novembre, mars. Très belle et très bonne variété, estimée sous tous les rapports.

Reinette Lelieur, première qualité, gros. Novembre, février. Fruit superbe.

Reinette lisse, première qualité, moyen. Janvier, avril. Très fertile.

Reinette Parmentier, première qualité, gros. Nov., février.

Reinette superfine, première qualité, gros. Novembre, juin. Arbre fertile et vigoureux.

Reinette tardive, première qualité, moyen. Mars, juin.

Rouge de Benauge, se conserve tout l'hiver.

Sans Pépin, excellente pomme d'hiver de grosseur moyenne, n'ayant ni graines, ni logis.

Serinkia, première qualité. Août, septembre. Beau fruit, très précoce, espèce de Russie.

Transparente de Zurich, première qualité, gros. Fin juillet. Remarquable par sa jolie couleur blanche et transparente.

Du Poirier.

Le poirier se greffe sur cognassier et sur franc. Dans les terres calcaires, pierreuses et de mauvaise qualité, il convient de planter les poiriers greffés sur franc, réservant ceux greffés sur cognassier pour les terres profondes et de bonne qualité.

Le poirier greffé sur franc pousse vigoureusement, mais cinq ou six ans au moins sont nécessaires pour sa fructification, tandis que celui greffé sur cognassier fructifie ordinairement la deuxième année de sa plantation, et, de plus, la qualité de ses fruits est supérieure à celle du poirier sur franc.

Liste de quelques bonnes variétés à cultiver

FRUITS A COUTEAU

Alexandrine Douillard, première qualité, gros. Novembre, décembre.

Alphonse Karr, première qualité, gros. Novembre. Chair fine, fondante et juteuse.

Angélique Cuvier, première qualité, moyen. Septembre, octobre. Très fertile.

Barillet Deschamps, première qualité. Février, avril. Arbre très fertile, fruits assez gros.

Baronne de Mello, moyen. Septembre, octobre. Chair fine, fondante.

Beau présent d'Artois, première qualité, gros. Septembre. Arbre très fertile, juteuse et parfumée.

Belle de Bruxelles, première qualité, gros. Septembre. Fruit allongé, souvent coloré de rouge du côté du soleil.

Belle d'Ecully, arbre fertile, fruit très gros mesurant 13 centimètres de haut sur 10 centimètres de large. Maturité fin août à fin septembre. Chair fine, fondante, sucrée et assez légèrement vineuse.

Belle de Juillet, fruit exquis, très beau et précoce. Fin juillet.

Bergamote Crassane, première qualité, moyen. Novembre.

Bergamote de Montluel, beau fruit de première qualité en forme de Doyenné; se conserve d'une année à l'autre.

Bergamote Espéren, première qualité, moyen. Février, avril. Chair jaunâtre, fondante et parfumée.

Bergamote Lucrative, première qualité, gros. Septembre, octobre. Très bon et beau, fruit très fertile.

Bergamote Sageret, première qualité, moyen. Octobre, novembre.

Besi de Chaumontel, première qualité, gros. Décembre, janvier. Très beau fruit.

Beurré Alexandre Lucas, beau et bon fruit très recommandable, de grosseur de la duchesse. C'est une des meilleures variétés qui existent dans les Beurrés. La chair est demi-fondante, vineuse, sucrée et très juteuse. Maturité en novembre et février.

Beurré Bachelier, première qualité, gros. Octobre, novembre. Fruit excellent.

Beurré Capiaumont, première qualité, moyen. Septembre, octobre. Très fertile.

Beurré Clergeau, première qualité, très gros. Novembre. Fruit superbe et excellent.

Beurré d'Amanlis, première qualité, moyen. Septembre.

Beurré d'Aremberg, première qualité, gros. Novembre, janvier. Très bon fruit d'hiver.

Beurré Delonnoy, première qualité, gros. Octobre, décembre.

Beurré de l'Assomption, première qualité, gros. Août. Très belle et très bonne variété.

Beurré de Rance ou de Ranz, première qualité, gros. Janvier, avril.

Beurré Derouineau, première qualité. Très fertile.

Beurré Diel, première qualité, gros. Octobre, décembre. Très belle et très bonne poire.

Beurré Giffard, première qualité, moyen. Juillet. L'une des meilleures poires d'été.

Beurré Goubault, première qualité, moyen. Septembre. Fruit excellent.

Beurré gris, première qualité, gros. Septembre, octobre. C'est une des meilleures poires connues jusqu'à ce jour.

Beurré gris d'Hiver, première qualité, gros. Novembre, décembre. Fruit excellent.

Beurré Hardy, première qualité, gros. Septembre, octobre.

Beurré Henri Courcelle, arbre très fertile; fruit excellent pour l'hiver et le printemps, ayant un goût et un parfum des plus agréables. Chair très fine.

Beurré Luiset, première qualité, gros. Octobre.

Beurré Millet, première qualité, petit. Novembre, décembre. Sucrée, vineuse.

Beurré Saint-Nicolas, première qualité, gros. Octobre. novembre. Très fertile.

Beurré Six, première qualité, gros. Octobre, novembre. Espèce d'un grand mérite.

Beurré superfin, première qualité, gros. Août, septembre. Fruit exquis.

Bon Chrétien d'Eté, première qualité, gros. Septembre, octobre. Arbre très vigoureux.

Bon Chrétien François Prével, fruit exquis, nourrissant. Fin janvier à fin avril. Arbre fertile et vigoureux.

Bonne Charlotte, petit, jaune, blanchâtre, rayé de rose vif. Chair beurrée et légèrement musquée. Fin juillet. Arbre fertile.

Bonne d'Ezée, première qualité, gros. Septembre, octobre. Magnifique et très bonne.

Bonne de Malines, première qualité, moyen. Octobre, décembre. Très fertile, parfumée.

Bonne Louise d'Avranches, première qualité, gros. Septembre, octobre. Très fertile.

Broom Park, première qualité, moyen. Décembre, janvier. Fruit arrondi, ressemblant à une pomme.

Calebasse verte, première qualité, moyen. Octobre. Très fertile.

Calebasse monstre, très gros. Octobre. Fruit magnifique.

Chaumontel d'Été, arbre très fertile, fruit gros, ou très gros, vert foncé recouvert de brun, rouge foncé du côté du soleil. Maturité août. Chair mi-ferme, mi-fondante, sucrée, juteuse et très parfumée.

Citron des Carmes, première qualité, petit. Juillet. A le mérite d'être très précoce.

Claude Blanchet, première qualité, moyen. Mûrissant quelques jours avant le Citron des Carmes.

Comte de Chambord, fruit moyen, rappelant la forme du Doyenné, peau très fine, jaune clair, rouge au soleil. Chair fine, fondante, vineuse et parfumée. Maturité septembre. Arbre d'une très grande fertilité, donnant toujours des trochets de trois à cinq fruits.

Courte queue d'Hiver, première qualité, gros ovale arrondi. Maturité mars à mai. Arbre très fertile.

De Curé, deuxième qualité, gros. Novembre, février. Très fertile, bon pour compote.

De Tongres, première qualité, gros. Septembre, octobre. Magnifique et savoureuse espèce.

Délices d'Hardenpon de Belgique, première qualité, gros. Octobre. Excellent et très fertile.

Doyenné Bizet, première qualité, gros. Mars, juin. Très fertile, produit souvent dès la deuxième année de greffe.

Doyenné d'Alençon, première qualité, moyen. Décembre, février. Excellente poire d'hiver.

Doyenné Defays, première qualité, moyen. Octobre, décembre. Très fertile.

Doyenné d'Été, première qualité, petit. Juillet. La plus précieuse de toutes les poires.

Doyenné d'Hiver, première qualité, gros. Janvier, mai. Variété très estimée et très méritante sous tous les rapports.

Doyenné du Comice, première qualité, gros. Novembre, décembre. Très belle et très bonne variété.

Doyenné Goubault, première qualité, moyen. Octobre, décembre.

Doyenné gris, première qualité, gros. Octobre, novembre. Espèce très méritante.

Doyenné Perrault, fondante et de qualité exquise. Maturité avril, mai. Variété supérieure au Beurré Perrault.

Duchesse d'Angoulême, première qualité, gros. Octobre, décembre. Une des meilleures pour le marché.

Duchesse d'Angoulême panachée, première qualité, gros. Octobre, décembre. Fruit rayé de bandes jaunâtres.

Épargne, première qualité, moyen. Juillet, août. C'est une des premières poires de l'année qui ait quelque mérite.

Figue d'Alençon, première qualité, moyen. Octobre, décembre. Très fertile et très avantageux, chair fondante, juteuse, sucrée et parfumée.

Fondante des Bois, première qualité, gros. Septembre, novembre. Très bon et très beau fruit. Chair fondante et beurrée.

Fortunée Boisselot, première qualité, assez gros. Janvier, mars.

Graslin, première qualité, gros. Octobre, novembre. Arbre vigoureux et fertile.

Jalousie de Fontenay, première qualité, gros. Septembre.

Joséphine de Malines, première qualité. Novembre, janvier. Fruit exquis, relevé d'un parfum de rose.

Louise Bonne Sannier, première qualité. Maturité en janvier. Arbre vigoureux et très fertile, bon pour toutes formes. Fruit moyen. Chair jaune, eau abondante, relevée et parfumée. Peut-être la plus sucrée des poires connues.

Maréchal de Cour, première qualité, gros. Septembre, octobre. Arbre d'une grande vigueur; superbe et excellent fruit.

Monchallard, épine d'Été, première qualité, gros. Août.

Nec plus Meuris, première qualité, gros. Octobre, novembre. Beau et bon fruit.

Olivier de Serres, première qualité, gros. Février, mars. Chair fine, fondante et juteuse.

Passe Colmar, première qualité, moyen. Novembre, décembre. Arbre peu vigoureux, à chair fine, ferme, juteuse, sucrée et richement parfumée.

Passe Crassane, première qualité, moyen. Janvier, février. Très estimé, arbre très fertile.

Prévost, première qualité, moyen. Décembre, avril.

Rousselet de Reims, première qualité, petit. Fin août et commencement septembre. Mi-fondant, très fertile.

Saint-Germain, première qualité, gros. Février, mars. Très belle et très bonne variété. Cet arbre veut l'espalier au midi ou au levant.

Saint-Louis, première qualité, moyen, jaune orange. Mûrit en novembre.

Saint-Michel-Archange, première qualité, moyen. Septembre, octobre.

Saint-Grégoire, première qualité, gros. Octobre, décembre.

Soldat laboureur, première qualité, assez gros. Octobre, novembre.

Souvenir du Congrès, première qualité, très gros. Août, septembre. Chair mi-fondante, juteuse, relevée d'un acidulé frais et agréable, fertile et vigoureux.

Suzette de Bavay, première qualité, moyen. Janvier, mars, Arbre pyramidal et très fertile.

Triomphe de Jodoigne, première qualité, gros. Décembre, janvier. Excellent fruit.

Urbaniste, première qualité, moyen. Septembre, octobre. Arbre vigoureux, bon fruit, très avantageux pour le marché.

Vauquelin, première qualité, gros. Novembre, décembre.

Verte longue, Bergamote d'automne, première qualité, moyen. Septembre, octobre.

Verte longue panachée, première qualité, moyen. Septembre, octobre.

William's, première qualité, gros. Août, septembre. Très belle et très bonne variété, une des meilleures poires d'été.

POIRES A CUIRE OU A COMPOTES

Amour, première qualité, gros. Novembre, mars.

Angobert, première qualité, gros. Février, mars.

Belle Angevine, deuxième qualité, très gros. Février, avril. La plus grosse de toutes les poires; pèse souvent plus d'un kilogramme. En espalier, ce poirier demande le midi ou le levant.

Bési d'Hery, première qualité, moyen. Novembre, décembre.

Bési des Vétérans, première qualité, gros. Janvier, avril.

Beurré Capiaumont, première qualité, moyen. Septembre, novembre. Peut être également classée dans les poires à couteau.

Catillac, première qualité, très gros. Janvier, avril. En espalier, cet arbre préfère le levant ou le couchant.

Colmar d'Arenberg, première qualité, gros. Octobre, décembre.

De Curé, première qualité, gros. Novembre, février. Également classé parmi les fruits à couteau; excellente poire à compote.

De Livre, première qualité, gros. Janvier, février. Fruit superbe.

Franc Réal, première qualité, gros. Novembre, février. Très fertile.

Gile-ô-Gile, première qualité, gros. Novembre.

Léon Leclerc de Laval, première qualité, gros. Février, mai.

Martin Sec, première qualité, moyen. Décembre, janvier. Très bonne pour faire des conserves.

Messire Jean, deuxième qualité, moyen. Octobre, décembre. Très fertile.

DE LA VIGNE

La culture de la vigne est très facile : les terrains chauds, pierreux et caillouteux sont ceux sur lesquels on récolte les meilleurs vins. Dans la Gironde, les vignobles occupent des coteaux calcaires, argilo-calcaires ou sablo-argileux, des groupes graveleux ou sablo-graveleux et des alluvions qui bordent les grands cours d'eau et leurs principaux affluents. Le sous-sol est généralement calcaire, sablo-argileux, aliotique. La grave et l'alios se présentent à 60 centimètres en moyenne, dans presque tous les grands et célèbres vignobles du Médoc et dans ceux des graves des environs de Bordeaux et de Pomerol. Les sous-sols pierreux se trouvent sur tous les coteaux produisant les grands vins rouges si renommés des Saint-Émilionnais et ceux très estimés du Fronsadais, du Cubzadais, du Bourgeais, du Blayais et des premières côtes de l'Entre-deux-Mers. Toutes les variétés exigent la chaleur et préfèrent surtout, pour la création des vignobles dans la Gironde, la forme en éventail. Dans le nord, pour que le raisin de table parvienne à sa maturité, les cordons et la forme à la Thomery doivent être préférés. Dans la Dordogne, aux environs de Bergerac, la forme en cordon y est très répandue; plusieurs vignobles, tant anciens que nouveaux, sont soumis à cette forme. Pour en nommer quelques-uns, je citerai notamment celui de M. Gabriel Perdoux, pépiniériste-viticulteur à Bergerac. Cet habile praticien fit, il y a quelques années, complanter dans la plaine et sur les coteaux de Malauger un vaste champ de vignes greffées sur cépages américains, qui offre actuellement une luxuriante végétation, laquelle, jointe à une nombreuse collection de raisins de table et de cuve, fait l'admiration de tous les visiteurs. Cet horticulteur infatigable, ce collectionneur émérite, déjà si réputé pour sa nombreuse collection d'arbres et arbustes, a réussi à grouper parmi ses autres cultures toutes les variétés de vignes susceptibles d'attirer l'attention des viticulteurs français et étrangers. Aussi sa réputation n'est-elle plus à faire. Les nombreuses récompenses qui lui ont été décernées pour ses raisins aux Expositions de Paris et de la Province, notamment à celle de Bordeaux en 1895, suffiraient à faire son éloge, s'il n'était déjà de pair avec d'autres viticulteurs distingués.

Chez M. le Dr Pozzi, au domaine de Lagrolet, près de Bergerac, et chez M. Marcon, propriétaire à La Mothe-Montravel, les vignes y sont également cultivées en cordon.

J'aurais beaucoup de propriétaires à citer, chez lesquels les vignes sont soumises à la même forme, mais ce genre de culture n'étant pas applicable à toutes les régions et voulant laisser à chaque propriétaire le soin de cultiver leurs vignes au mieux de leurs intérêts, je ne m'occuperai ici que de celles qui sont susceptibles d'être plantées dans les jardins ou vergers que je soumettrai à la même forme, mais dont la taille différera sensiblement. Les coursons, coupés à longs bois sur les vignes cultivées dans la Dordogne, ne seront taillés qu'à trois yeux au plus sur celles plantées dans les jardins et vergers.

Je traiterai de la taille des coursons en son temps; mais pour que mes lecteurs puissent me suivre progressivement dans les diverses transformations que je ferai subir aux pieds de vigne pendant le cours de sa formation, je les prierai de se porter avec moi vers une rangée de jeunes sujets plantés à 2 mètres les uns des autres et destinés à former les cordons horizontaux.

Si la plantation et l'installation ont été faites convenablement, l'année suivante, à l'époque de la taille, nous trouverons cette rangée à quelque chose près semblable à la *fig. 10* ci-après :

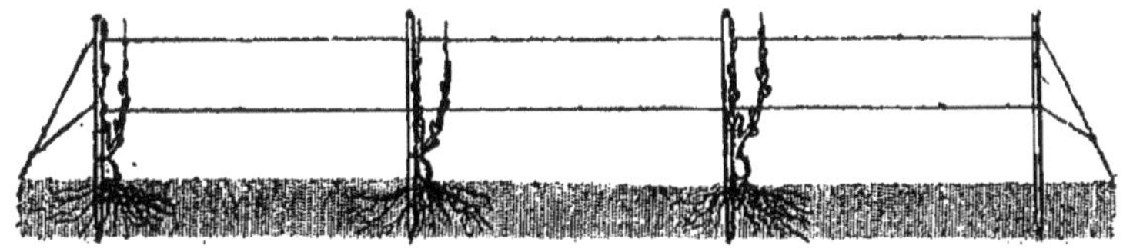

FIGURE 10.

C'est sur ces jeunes plants que nous commencerons à opérer. Nous choisirons pour cela le sarment le mieux constitué, que nous taillerons à 15 centimètres ou 20 centimètres. Ensuite, pour que la sève se maintienne plus longtemps à la base du sujet, nous supprimerons les deux ou trois yeux de son extrémité et nous le fixerons avec un ou deux liens contre l'échalas *(fig. 11)*.

Au moment de l'ébourgeonnage, c'est-à-dire dans la première quinzaine du mois de mai, nous supprimerons avec la serpette, excepté les deux plus beaux, tous les bourgeons qui se seraient développés tant sur le vieux que sur le jeune bois, et pour que ceux que nous avons choisis ne prennent pas une fausse direction,

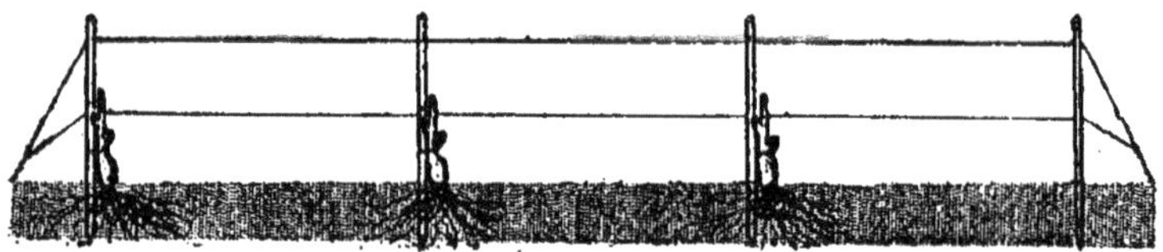

Figure 11.

nous les attacherons, au fur et à mesure de leur développement, contre l'échalas. Ensuite, pour que la sève soit encore une fois refoulée vers la souche, nous les arrêterons un peu au-dessus du deuxième fil de fer *(fig. 12)*.

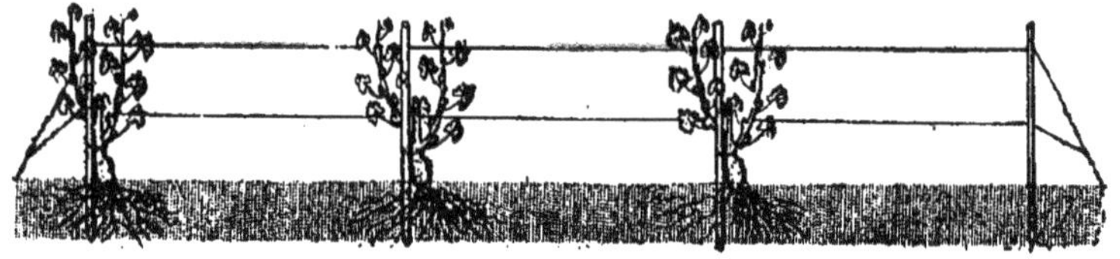

Figure 12.

Nous n'aurons plus, pendant tout le cours de la végétation, qu'à rogner les anticipés et à ébourgeonner, si cela est nécessaire.

A la deuxième taille, nous reprendrons la même rangée de vignes, que nous taillerons sur un seul bois, le plus rapproché de la souche, si cela est possible; celui-ci sera ensuite taillé à la longueur de 20 centimètres ou 25 centimètres, et éborgné à partir du sommet jusqu'au-dessus des deux derniers boutons *(fig. 13)*.

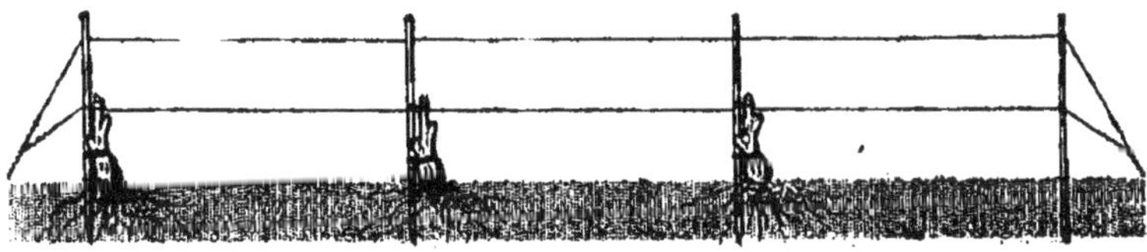

FIGURE 13.

A l'époque de l'ébourgeonnage, nous choisirons le bourgeon le mieux constitué, que nous attacherons, au fur et à mesure de son développement, contre l'échalas. Toutefois, aussitôt que son extrémité aura dépassé le premier fil de fer de quelques centimètres et pendant qu'il sera encore flexible, nous lui ferons décrire, au niveau de celui-ci, en le fixant avec des liens, une courbe régulière. Ensuite, pour que la sève, qui a une tendance à monter verticalement, puisse s'équilibrer et mieux se répartir sur toute l'étendue du sujet, nous lui ferons décrire, en le relevant à 45°, une contre-courbe, de manière à pouvoir l'attacher sur le deuxième fil de fer *(fig. 14)*.

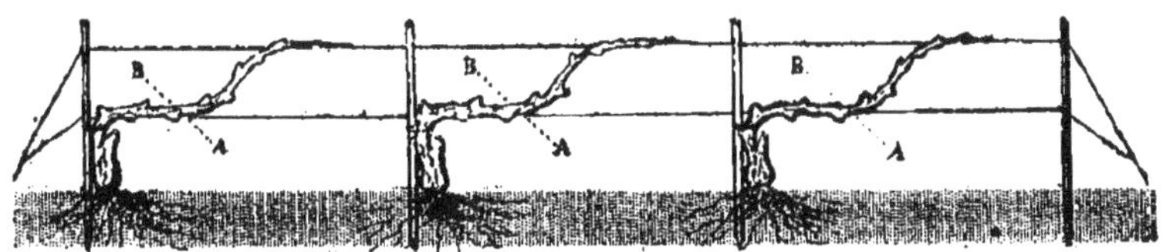

FIGURE 14.

A la troisième taille, nous taillerons (de A à B) de façon à ne laisser sur la partie horizontale que deux boutons. Tous ceux qui seront placés sur la partie verticale, et jusqu'à 20 centimètres en aval de l'arc, seront supprimés.

Cette suppression est d'autant plus utile que, si nous laissions établir un courson immédiatement au-dessus de la partie verticale, celle-ci, recevant directement la sève ascensionnelle, en absorberait la plus grande partie à son passage, pendant que le surplus, attiré par la partie extrême de la plante, passerait rapidement par la partie horizontale et irait se dépenser dans le bourgeon terminal. Celui-ci ne tarderait pas à prendre un accroissement considérable, et la partie intermédiaire se trouverait par ce fait tellement appauvrie, que les bourgeons malingres auxquels elle donnerait naissance seraient, par leur constitution défectueuse, incapables de maintenir l'équilibre sur l'ensemble du sujet.

Mais, admettons que cette suppression ait été faite et que le premier bouton se trouve placé à 20 ou 25 centimètres en aval de la partie courbe; c'est celui-ci qui constituera le premier courson à l'époque de la taille prochaine.

Pendant le cours de la végétation, nous ébourgeonnerons, comme l'année précédente, tous les développements inutiles; nous ferons prendre au premier une direction verticale sur le deuxième fil de fer, sur lequel il sera attaché; ensuite, nous le dirigerons horizontalement.

Le deuxième bourgeon sera à son tour dirigé aussi horizontalement sur le premier fil de fer; puis, à 1 mètre de son départ, nous le relèverons à 45° vers le deuxième, sur lequel il sera attaché et rogné *(fig. 15)*.

A la quatrième pousse, nous taillerons le sarment qui devra former le premier courson au-dessus du deuxième bouton et celui qui devra former la branche de prolongement au-dessus du quatrième. Pour que

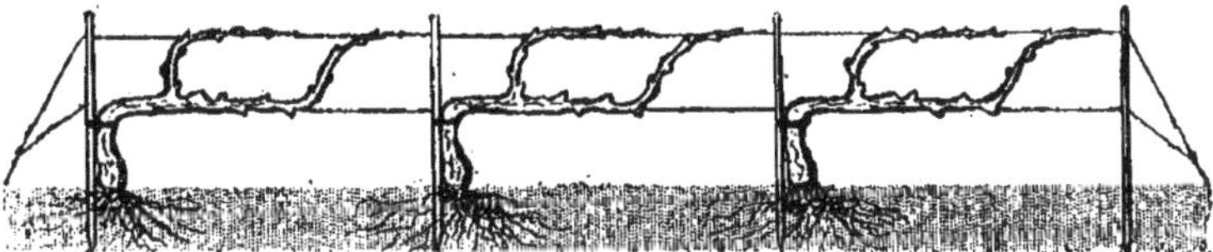

FIGURE 15.

le deuxième courson se trouve mieux placé, nous supprimerons le premier bouton placé au-dessous de la branche *(fig. 16)*.

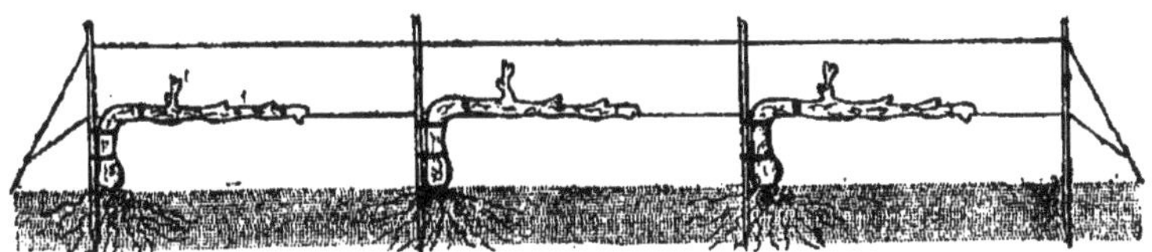

FIGURE 16.

Pendant le cours de la végétation qui suivra la quatrième taille, nous ébourgeonnerons les développements inutiles, en ne laissant subsister que les deux bourgeons placés sur le courson, ceux qui doivent former le suivant, et enfin celui du prolongement; ceux des coursons déjà établis seront dirigés verticalement vers le deuxième fil de fer, attachés individuellement sur celui-ci et rognés à quelques centimètres au-dessus. Nous ferons prendre une direction verticale aux deux bourgeons qui viennent immédiatement après, et nous les fixerons au fil de fer. Le premier sera rogné comme les précédents, et le second sera couché horizontalement.

Le bourgeon terminal sera, jusqu'à 1 mètre de son départ, fixé horizontalement sur le premier fil de fer, puis relevé à 45° et replacé dans une position horizontale sur le second *(fig. 17)*.

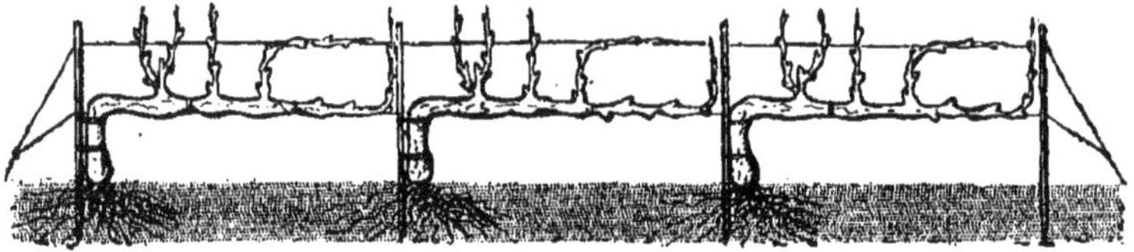

FIGURE 17.

A la cinquième pousse, la souche ayant acquis suffisamment de force pour que nous puissions constituer définitivement le cordon, nous taillerons le premier courson au-dessus du sarment le plus rapproché du vieux bois, lequel sera taillé à deux yeux. Les deux sarments venant immédiatement après seront également taillés à deux yeux, et la branche de prolongement sera taillée au-dessus du troisième bouton. Enfin, pour laisser plus d'espace entre chaque courson, nous éborgnerons les trois yeux placés au-dessous du sarment.

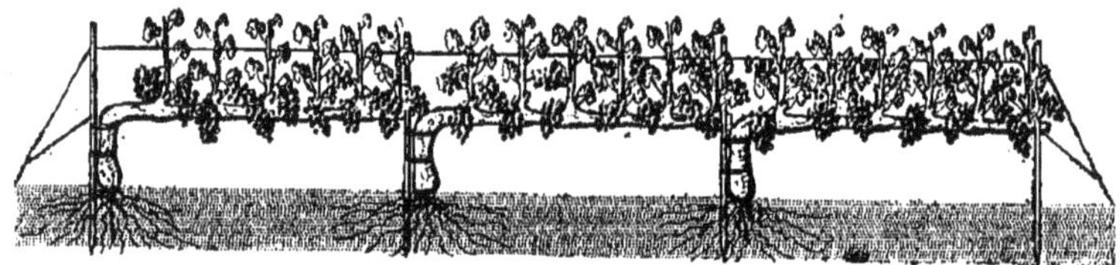

FIGURE 18.

La *figure 18* représente une rangée de vignes en cordon, âgées de cinq ans, avant la chute des feuilles.

A la sixième année, le pied de vigne, ayant fini de

se constituer, nous aurons à nous occuper de la taille des coursons, de l'ébourgeonnage, du palissage et du pincement. Mais, pour mieux démontrer ces diverses opérations, nous les prendrons séparément.

Nous reproduirons, premièrement, la rangée de vignes en cordon de la *figure 19*, après la chute des

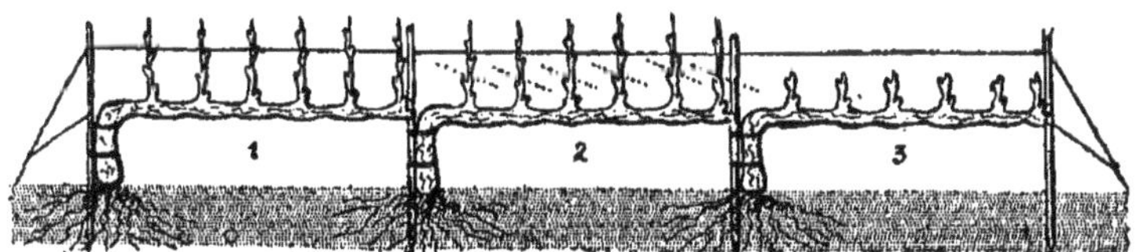

FIGURE 19.

feuilles, que nous classerons par numéro. Le n° 1 représentera un cep de vigne avant d'être taillé; sur le n° 2, on pourra voir les différentes coupes à opérer, et enfin le n° 3 représentera le pied de vigne après avoir été taillé.

Le palissage et le pincement des bourgeons jouent, pendant le cours de la végétation, un rôle tellement important dans la répartition de la sève, que nous ne saurions trop recommander, pour maintenir l'équilibre, de ne pratiquer ces deux opérations que progressivement, c'est-à-dire au fur et à mesure que chaque bourgeon atteindra assez de longueur pour pouvoir être individuellement palissé sur le deuxième fil de fer et rogné au-dessus de celui-ci. Ces opérations successives auront pour résultat de refouler le cambium vers la partie horizontale, de l'y maintenir en permanence, d'y créer comme une espèce de réservoir dans lequel les ramifications viendront puiser à tour de rôle la nutrition dont elles pourront avoir besoin pour s'élever au même degré d'accroissement.

Si nous insistons sur des palissages et des pincements alternatifs, c'est que — règle générale — les végétaux, livrés à eux-mêmes, ont une tendance à s'élever en sens vertical, et que la forme à laquelle nos ceps de vigne ont été soumis (sauf une faible partie) est, au contraire, horizontale, unilatérale et, par conséquent, plus sujette que toute autre à se désorganiser. Si l'on attendait que le dernier bourgeon eût atteint la hauteur désirée pour commencer ces opérations, il arriverait que les premiers développés les auraient déjà dépassés d'une longueur exagérée, qu'il faudrait forcément supprimer : suppression qui occasionnerait une grande perte de sève dont les bourgeons faibles auraient profité si cette opération avait été faite en temps opportun.

Les coursons, par suite de tailles réitérées, ont forcément une tendance à s'éloigner de la partie horizontale; en ce cas, il ne faudra pas attendre leur complet énervement pour pourvoir à leur remplacement. Dès qu'on verra ceux-ci prendre une hauteur disproportionnée, on laissera développer à leur base un des bourgeons, le mieux placé, que l'on taillera à un œil la première année. Lors de l'ébourgeonnage, on ne laissera subsister qu'un seul bourgeon, que l'on dirigera, comme tous les autres, en sens vertical.

L'année suivante, l'ancienne ramification sera supprimée et remplacée par le jeune sarment placé à la base. Celui-ci sera ensuite taillé à deux yeux, ou à trois si le sarment est vigoureux.

Nous n'insisterons pas sur les soins à apporter aux nouvelles ramifications ; ces soins devront être absolument les mêmes que précédemment.

Nous croyons devoir être utile à nos lecteurs en leur offrant la nomenclature des raisins de table les plus estimés, les plus recherchés comme variétés.

Liste des meilleures qualités de raisins de table à cultiver dans les jardins et vergers.

Caillaba, première qualité, grains gros, grappe petite, lâche, noir, musqué. Fin août.

Candole (de), deuxième qualité, gros grains, grappe énorme, serrée, rose. Octobre. Un des plus beaux raisins.

Calabre (de), fertile et superbe variété, exigeant une exposition chaude.

Chasselas à longues grappes, première qualité, grains moyens, grappe forte, blanc. Fin septembre.

Chasselas de Bulhéry, première qualité, grains gros, blancs, écartés, grappe moyenne. Commencement septembre.

Chasselas doré de Seine-et-Marne, première qualité, gros grains, grappe lâche, très fertile. Fin août.

Chasselas de Malakoff, première qualité, gros grains, grappe lâche, très fertile, blanc. Août.

Chasselas Duhamel, première qualité, gros grains, grappe lâche, jaune superbe. Septembre.

Chasselas de Florence, première qualité, gros grains, grappe lâche, blanc. Fin août.

Chasselas de Fontainebleau, première qualité, gros grains, grappe lâche, très fertile. Fin août. Espèce la plus estimée sous tous les rapports.

Chasselas Jalabert, première qualité, gros grains, grappe lâche, blanc. Septembre.

Chasselas Jésus (de), première qualité, gros grains, grappe lâche, blanc. Septembre.

Chasselas Montauban (de), première qualité, gros grains, grasse, grappe lâche, doré. Commencement septembre. Très fertile. Espèce superbe.

Chasselas musqué des Basses-Alpes, première qualité, grains moyens, grappe lâche, doré. Commencement septembre.

Chasselas Négrepont (de), première qualité, gros grains, grappe serrée, rose, très beau, fin. Commencement septembre.

Chasselas précoce de Malingre, première qualité, grains moyens, grappe lâche, blanc. Août. Un des plus précoces.

Chasselas rose, première qualité, gros grains, grappe lâche.

Chasselas rose Falloux (de), première qualité, gros grains, grappe lâche, superbe. Septembre.

Chasselas rose du Pô, première qualité, gros grains, grappe lâche.

Chasselas rouge, légèrement musqué, première qualité, gros grains, grappe lâche, rouge, musqué. Commencement septembre.

Chasselas Tokay des jardins, première qualité, gros grains, grappe lâche, blanc. Août. Très estimé, très fertile, belle variété. Septembre.

Chasselas Vibert, première qualité, gros grains, grappe lâche, blanc. Août. Très estimé.

Corinthe blanc, première qualité, gros grains, grappe lâche, blanc. Septembre.

Cornichon blanc, première qualité, gros grains allongés, grappe moyenne, très lâche. Septembre.

Diamant Traube, première qualité, gros grains, grappe lâche, blanc. Septembre.

Frankental, première qualité, gros grains, grappe serrée, noir. Septembre, octobre. Très fertile.

Impériale à fruit jaune, première qualité, grains moyens, grappe lâche. Août.

Madeleine royale, première qualité, grains moyens, grappe lâche, blanc. Août.

Madeleine Vibert, première qualité, grains moyens, grappe petite, lâche, blanc. Août.

Malvoisie à gros grains, première qualité, grappe lâche, rouge. Fin octobre. Exige une bonne exposition.

Muscat bifère, première qualité, gros grains, grappe superbe. Fin septembre.

Muscat blanc, première qualité, grains moyens, grappe moyenne et serrée. Septembre, octobre.

Muscat Caminada, première qualité, gros grains, grosse grappe, blanc. Septembre.

Muscat Canon Hall, première qualité, gros grains, grappe grasse, blanc. Septembre.

Muscat croquant du Vaucluse, première qualité, grains moyens, grappe moyenne, blanc. Septembre.

Muscat Eugénie, première qualité, gros grains, grappe grasse, blanc.

Muscat fleur d'oranger, première qualité, gros grains, grosse grappe, serrée, blanc. Septembre, octobre.

Muscat noir de Naples, première qualité, gros grains, grappe lâche. Septembre.

Muscat gros noir hâtif, première qualité, gros grains, grappe serrée. Septembre.

Muscat tardif, première qualité, grains moyens, grappe petite et lâche, noir. Fin septembre.

Muscat Orange, première qualité, gros grains, grosse grappe, doré. Septembre.

Muscat Otonelle, première qualité, grains moyens, grappe grasse, blanc.. Septembre.

Muscat précoce du Puy-de-Dôme, première qualité, gros grains, grappe lâche, noir. Fin septembre. Très estimé.

Muscat de Saumur, très précoce, première qualité, grains moyens, grappe moyenne et lâche, blanc. Fin août. Très estimé.

Muscat rose, première qualité, gros grains, grappe serrée, rose. Septembre.

Muscat rouge de Madère, première qualité, gros grains, grappe serrée, rouge. Septembre. Très estimé. Fin octobre.

Palestine (de la), troisième qualité, gros grains, grappe énorme, blanc. Novembre. La grappe atteint souvent de 50 à 75 centimètres de longueur.

Panse jaune, première qualité, grains gros, grappe lâche, jaune. Septembre. Superbe et excellente variété.

Perle impériale, première qualité, gros grains, grappe lâche, blanc. Septembre. Très fertile.

Pis de Chèvre rouge, première qualité, gros grains, grappe lâche. Septembre.

Précoce de Hongrie, première qualité, grains petits, grappe moyenne serrée, noir. Août.

Ténéron, première qualité, gros grains, grappe lâche, blanc. Fin septembre. Très belle et très bonne variété.

Vert de Madère, première qualité, gros grains, grappe lâche, blanc. Septembre.

DE LA CONSERVATION DES FRUITS

Lorsqu'on veut conserver les fruits du poirier, il ne faut pas attendre, pour les cueillir, leur complète maturité, sous peine de les voir se ramollir en très peu de temps. Les poires de conserve doivent être cueillies quinze jours environ avant l'époque de leur maturité, c'est-à-dire vers la fin de septembre pour celles mûrissant en octobre, et en octobre pour celles qui mûrissent en novembre. Quant à celles qui ne viennent à complète maturité qu'à la fin de l'hiver, on doit les cueillir lors des premières gelées.

Les poires d'été, pour les manger bonnes, ne doivent se cueillir qu'une huitaine de jours avant leur maturité.

Pour conserver les fruits d'automne et d'hiver, il serait utile d'avoir une bonne fruiterie, qui ne devrait être ni trop chaude ni trop froide, et d'une température constamment égale. Le soleil ne doit pas pénétrer dans ce fruitier, qui réclame le moins de clarté possible. Afin d'assurer cette uniformité de température, il serait nécessaire de donner à la pièce une double porte et une double fenêtre, en maintenant entre les deux parties un intervalle de quelques centimètres.

Pour empêcher les fruits de s'altérer, cette installation serait certainement la meilleure; mais le peu de récolte obtenue chaque année par bon nombre de propriétaires n'étant pas en rapport avec les dépenses que celle-ci pourrait occasionner, je ne conseille ces soins qu'aux personnes pouvant disposer de fonds suffisants et récoltant assez de fruits pour se couvrir en quelques années des frais qu'elles se seraient imposés.

La méthode la moins dispendieuse serait de conserver les fruits dans du sable, en opérant de la façon suivante :

On choisirait un local bien clos, au besoin une bonne cave parfaitement sèche. Cette cave serait, avec des planches disposées sur champ, divisée en autant de compartiments que l'abondance de la récolte pourrait en exiger. Ceux-ci, pour permettre de circuler autour, seraient séparés par de petits intervalles de 60 centimètres. Ensuite, on se procurerait du sable fin et sec, que l'on mettrait au fond de chaque compartiment à l'épaisseur de 15 centimètres.

Le triage des fruits fait, on les placerait individuellement par espèces, par époques de maturité, sans trop les rapprocher les uns des autres, sur la couche de sable. Ces fruits seraient ensuite recouverts d'une épaisseur de sable de 12 centimètres si la couche de fruits était unique, de 6 centimètres si l'on en plaçait une deuxième, et ainsi de suite. Toutefois, la couche de sable recouvrant la dernière rangée de fruits devrait toujours avoir 12 centimètres d'épaisseur.

Les fruits seraient vérifiés tous les huit à dix jours et essuyés en les remettant dans le sable.

Par ce procédé, j'ai réussi à conserver certaines variétés de poires jusqu'en juin, et quelquefois plus longtemps.

Les raisins sont beaucoup trop fragiles pour être conservés dans le sable; mais on pourrait remplacer avantageusement ce dernier par de la sciure de bois, en procédant de la manière suivante :

On installerait contre les parois de la fruiterie, à

1 mètre au-dessus du niveau du sol, une ou plusieurs rangées de rayons de 60 centimètres de largeur, sur lesquels on étendrait une épaisseur de 10 centimètres de sciure de bois. Ensuite, on se procurerait du papier buvard en feuilles ou en rouleau, que l'on étendrait sur la sciure, couvrant ainsi toute la surface du rayon.

L'époque de la maturité des raisins venue, on profiterait d'une journée de beau temps pour faire le serrage. Comme ce travail demande beaucoup de précautions, il serait nécessaire, à moins de n'en avoir qu'un nombre restreint, d'occuper plusieurs personnes. Les unes prendraient délicatement les raisins par le pédoncule, feraient la cueillette, enlèveraient avec des ciseaux tous les grains défectueux et les déposeraient dans des paniers; les autres les recevraient à la fruiterie, les prendraient un à un, garniraient l'extrémité du pédoncule de mastic à greffer (employé à froid) et les placeraient un peu distancés sur les rayons préparés, comme il a été indiqué plus haut.

Quand les raisins seront bien secs, c'est-à-dire deux ou trois jours après le serrage, on les couvrira de feuilles de papier. Celui-ci serait ensuite recouvert d'une couche de sciure de bois de 3 centimètres.

Il serait nécessaire de donner de l'air à la fruiterie chaque fois que le temps le permettrait, d'examiner les raisins au moins tous les huit jours et d'enlever les grains endommagés.

J'ai employé ce procédé très souvent et je m'en suis toujours bien trouvé.

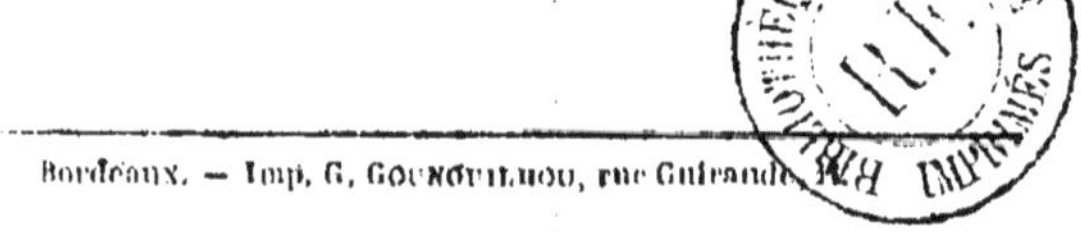

Bordeaux. — Imp. G. Gounouilhou, rue Guiraude, 11.

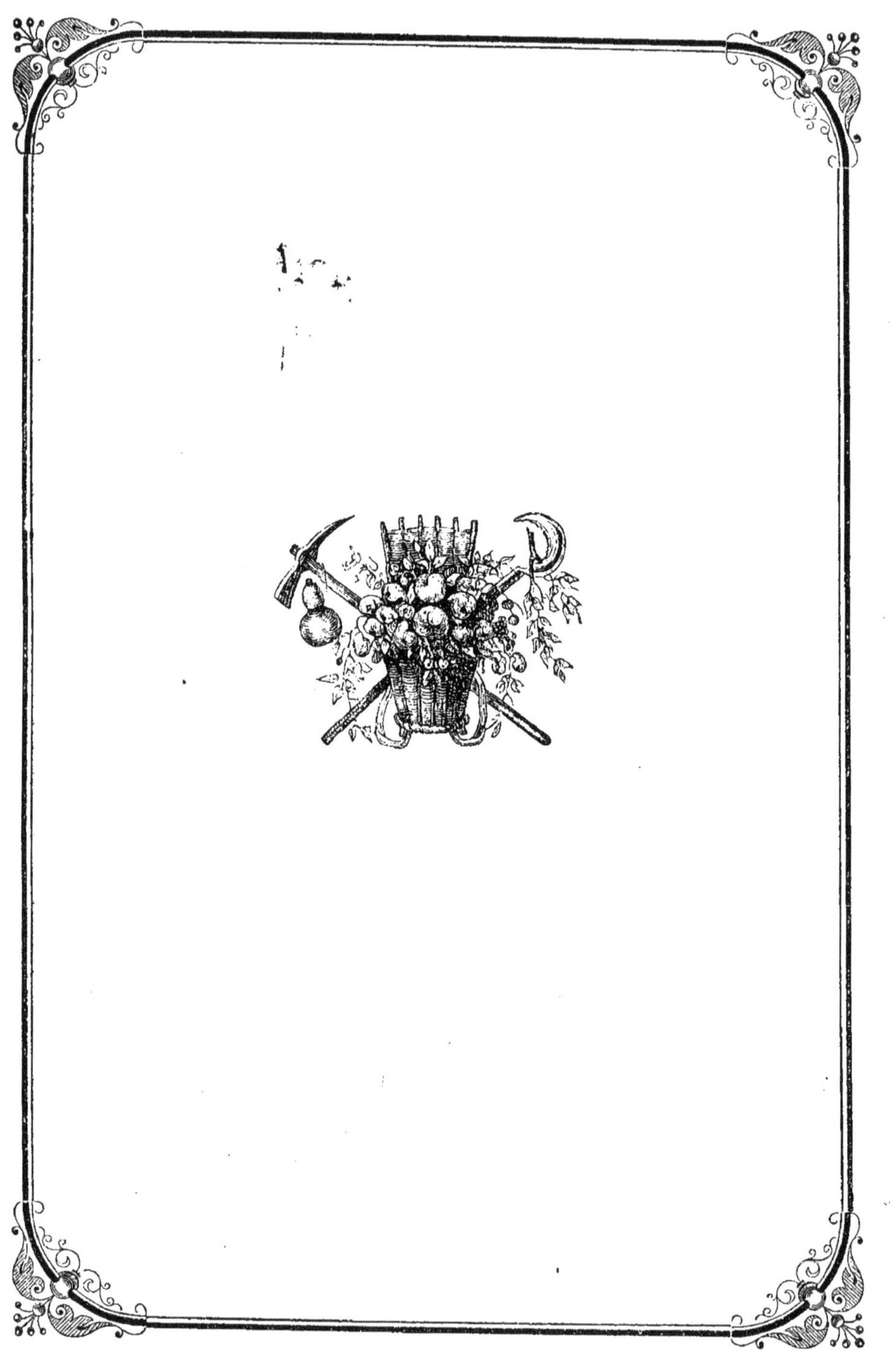

www.ingramcontent.com/pod-product-compliance
Ingram Content Group UK Ltd.
Pitfield, Milton Keynes, MK11 3LW, UK
UKHW020453230726
13925UKWH00005B/1917

9 782019 172534